BEI GRIN MACHT SICH IHR
WISSEN BEZAHLT

AF173326

- Wir veröffentlichen Ihre Hausarbeit,
  Bachelor- und Masterarbeit

- Ihr eigenes eBook und Buch -
  weltweit in allen wichtigen Shops

- Verdienen Sie an jedem Verkauf

Jetzt bei www.GRIN.com hochladen
und kostenlos publizieren

Antje Holtmann

Abendmahl. Lernzusammenfassung in Stichpunkten

.

GRIN Verlag

Bibliografische Information der Deutschen Nationalbibliothek:

Die Deutsche Bibliothek verzeichnet diese Publikation in der Deutschen National-bibliografie; detaillierte bibliografische Daten sind im Internet über http://dnb.d-nb.de/ abrufbar.

Impressum:

Copyright © 2014 GRIN Verlag GmbH
Druck und Bindung: Books on Demand GmbH, Norderstedt Germany
ISBN: 978-3-656-71159-9

Dieses Buch bei GRIN:

http://www.grin.com/de/e-book/277969/abendmahl-lernzusammenfassung-in-stichpunkten

GRIN - Your knowledge has value

Der GRIN Verlag publiziert seit 1998 wissenschaftliche Arbeiten von Studenten, Hochschullehrern und anderen Akademikern als eBook und gedrucktes Buch. Die Verlagswebsite www.grin.com ist die ideale Plattform zur Veröffentlichung von Hausarbeiten, Abschlussarbeiten, wissenschaftlichen Aufsätzen, Dissertationen und Fachbüchern.

Besuchen Sie uns im Internet:

http://www.grin.com/

http://www.facebook.com/grincom

http://www.twitter.com/grin_com

Abendmahl

➔ **Aktuell: gemeinsames Abendmahl auf Kirchentag in Dresden 2011**

- Begriffe
    - o Abendmahl = Bezeichnung für Feier
    - o Kommunion = Mahlgemeinschaft (vor allem kath.)
    - o Eucharistie = Danksagung
- Fragen der Teilnahme
    - o Kinder?
    - o Ungetaufte?

Forschungsgeschichte

- **Religionsgeschichtlich-hellenistisch (Eichhorn, Heitmüller, Bultmann)**
    - o **Diskontinuität zw. Letztem Mahl und dessen Fortführung**
- **AT/Jüd. (Jeremias)**
- **Zwei Typen (Lietzmann, Cullmann, Lohmeyer)**
- **Leben Jesu (Schweitzer)**

2 Maltypen

- Mahltypen nach Lietzmann
    - o Jerusalemitisch/Acts (Abschiedsmahl im Jüngerkreis, nicht wdh.) vs. pln./hellenistisch (Gedächtnisbefehl, Herrenmahl)
    - o Freudenmahl vs. Totengedächtnismahl
- Käseman
    - o 1. Vorwegnahme des Mahls der Seligen in der Gottesherrschaft (Tod Jesu)
    - o 2. Vorwegnahme Heil und Vergebung (1. Kor. „bis er kommt")
    - o zweite Tradition aus österlicher Perspektive, nicht beide nebeneinander
    - o aus veränderter Situation heraus, nachösterlich

2 Traditiionsstränge

- Schweitzer
    - o Verschiedene Überlieferungen
- Bultmann
    - o Selbst geschaffen oder Interpretation eines Brauchs?
    - o Gemeinschaftsmähler zu sakramentalen Feiern umgestaltet
    - o Rückbezug auf letztes A.mahl (Legitimation)
    - o Stellt historisch in Frage

- Didache
    - o G.mahl weitergeführt ohne sakramentale Elemente, jüd. Tradition, keine Bezug zu Tod Jesu
    - o Par 1. Kor 16 und Did 10

- Tertium corporationis
  - o Gleichnishaft
  - o Stellt exegetisch in Frage
- Strauß
  - o Erstmals symbolische Deutung der Einsetzungsworte
  - o Joh sekundär, Loslösung vom Passah → eigenständige Religion
  - o Zentrum Jesu Tod, Kontinuität zum urchristl. Sakrament

Eschatologische Deutung

- Schweitzer
  - o Letztes A.mahl = Verständnis hist. Jesus
  - o Letztes A.mahl = Vorwegnahme messianisches Mahl → Eintritt ins
    Gottesreich/Parusie (Mk 14,25)
  - o Urchristentum setzt Praxis fort, Parusieerwartung
  - o Paulus führte eschatologisches Sakrament fort
  - o Zurücktreten der Parusiehoffnung → „Medikament der Unsterblichkeit" (Ign)
  - o Nur Kelchwort mit Verheißung
  - o R. Otto: auch Brotwort (Lk)
    - ▪ Jüngerweihe→Gottesreich, Jesus als Gottesknecht→Bund
  - o Ableitung von jüd.-apokalypt. Tradition

Religionsgeschichtliche Ableitung

- neue Forschungsrichtung mit A. Eichhorn 1898
  - o von Dogma und Kultus beeinflusst
  - o Variante der Theophagie → Kräfte der Gottheit aneignen
  - o Geschichtlicher Vorgang undeutlich, da von Kultus überdeckt
- W. Heitmüller (1903) übernommen von Bultmann (1958)
  - o Geht auf Handlung Jesu zurück, aber nicht sakramental zu verstehen
  - o Vgl. mit Attis- und Mithrasmysterien
  - o Einverleiben, Teilhabe an irdischem + auferstandenem Leib →Mysterien
    - ▪ Gegenüberstellung Herrenmahl und heidn. Mahl (1 Kor 10)
    - ▪ Bericht Justin
  - o Aber Paulus: A.=Verkündigung, Kritik an magischer Vorstellung, Wirkung nicht
    überschätzen

Synthese

- H. Lietzmann (1926)
  - o Eucharistie (sakramental) + Agapemahl (Gemeinschaft) in Alter Kirche
  - o Geht zurück auf: tägliche Mahlgemeinschaften des irdischen Jesus +
    Todesgedächtnismahl (Paulus)
  - o Paulus: neu interpretiert mithilfe paganer Analogien, Offenbarung vs. tägl. Praxis
    Jesu, Stiftungsurkunden („zum Gedächtnis") → Messe vs. Agape (Didache)
  - o These Neubegründung durch Paulus nicht durchgesetzt

- E. Lohmeyer (1937)
  - o Beiden Typen gleich ursprünglich
  - o Freundenmahl = Galiläa, Todesgedächtnismahl = Jerusalem
- O. Cullmann (1936)
  - o A.mahl mit Todesbezug → hist. Jesus
  - o Freudenmahl → Mahl mit Auferstandenem
- Beide: sakrament. Mahl nicht auf Paulus zurückführen, doch letztes A.mahl? aus jüd. Tradition erklären?

Jüdische Analogien

- Passah
  - o J.Jeremias
- Toda (Dankopfermahl)
  - o H. Gese
  - o Ps 22 (Umschwung Not=>Dank)
  - o Unabhängig vom hist. Jesus

Hellenistisch-pagane Analogien

- Keine wirklichen Parallelen zur Realpräsenz
- Dionysoskult: in Ekstase
- Gemeinschaftsmähler ohne Anlass, normal, Ausdruck der Gemeinschaft
- Keine befriedigende Ableitung aus religionsgeschichtl. Umwelt

PROBLEME

- Blutgenuss für Juden verboten, auch den Heiden untersagt
  - o Bei Pls: Blut = Heilbringender Tod Christi, Leib = Gemeinde
  - o Bei Mk: „vergossen" = Bundesblut
- Sühne und Bezug zu Jes 53 ???
- Deutung aus österlicher Perspektive

Antike außerhalb Bibel

- Viele Gemeinschafts- und Kultmähler
- Vereinsmahl: Gemeinschaft, Freundschaft, Festfreude
  - o Hauptmahl Deipnon
  - o Trinkgelage Symposion

NT

- Rel. Mahlfeiern in allen Religionen
- Tägliche Mahlzeiten + Passahmahl
- Alt-jüd. Voraussetzungen
  - o Kultischer Charakter
  - o Segensspruch über Brotbrechen = üblich

- o Passahmahl: 4 Kelche
- Heidnische Kultmähler
- Letztes Abendmahl als Passahmahl?
- Erinnerung an Passahmahl, Passion, Tischgemeinschaft Jesu
- **Bei Joh** nur indirekter Bezug
    - o Jesus als Brot des Lebens (Brotrede) → heilsschaffende Wirkung betont
    - o Kein Bericht über Einsetzung
    - o Speisung der 5000 = Ersatz für Einsetzung?
    - o A.mahl von Inkarnation+Wirkung auf der Erde her verstanden, nicht vom Tod
    - o Liebesgebot + Fußwaschung („neues Gebot" = neues Bund)
    - o Joh 6 Bezug zum A.mahl, Fleisch+Blut (vgl. Ign), ohne Bezug zum Tod
- Doppeldeutung: Sühne + Bundesstiftung
- **Syn**
    - o Teil der Passionsgeschichte
    - o A.mahl = Passahmahl, aber abgewandelt (am stärksten verbunden bei Lk)
        - ▪ Frühe Gemeinden nicht als P.mahl gefeiert
        - ▪ Joh: Passion vor Passahfest
    - o Geht auf histor. Jesus zurück
    - o Sündenvergebung Mt (bei anderen vorausgesetzt?)
    - o Leib/Blut vs. Leib/Kelch
    - o Bei Mk/Mt vorher Sättigungsmahl, Segen + Dank
        - ▪ Keine Fortsetzung des Mahls impliziert
    - o Nicht nur Bericht, sondern Einsetzung für regelmäßige Feiern → Gedächtnis → Vergegenwärtigung = Teilhabe
    - o Lk = Ausgleich zw. Pls und Mt/Mk
    - o Mt = Kelchwort + Sündenvergebung
- **Paulus**
    - o Abendmahl + Taufe bzw. Abkehr vom heidnischen Kult
    - o Teilhabe am Heil → NT, Nicht automatisch Sündenvergebung
    - o Mannaspeisung, Felsentränkung Israels → AT
    - o Bezug zu letztem A.mahl = Richtschnur für Feier
    - o „geistliche Speise/Trank" → pneumatologisch → Did
    - o Auch in heidnischer Umgebung = Erkennungszeichen
    - o Gedächtnis → nicht nur Erinnerung, sondern Vergegenwärtigung
    - o „bis er kommt" → Eschatologisch
    - o „Neuer Bund" → Jeremia
    - o Kein Passah
    - o Sättigungsmahl zw. Brot- und Kelchhandlung (auch bei Lk)
    - o Kritik an Sättigungsmahl, da Gemeindeglieder ausgeschlossen werden
    - o Herrenmahl, Tisch des Herrn
    - o Nur Dank für das Brot
    - o Gebetsruf (vgl. Did)
    - o Theologica cruci
    - o Konkrete Gestaltund und Abgrenzung zu anderen Kultmählern, aber Anlehnung an diese erkennbar

- **Acts:** Brotbrechen → arme Gemeinde kein Geld für Wein ? (von Freikirchen übernommen)
  - o Kein ausgereifter Kult, aber Kern im Synagogengottesdienst
  - o Auch Wichtig für Hausgottesdienst, Abendmahlzeit
  - o Freude über Gottes Wohltaten, Dank dafür, nicht primär Jesu Tod
- **Passah?**
  - o Unterschiede zum Passah
    - ▪ Vor Hauptmahlzeit vs. zwischendurc
    - ▪ Besonderheit der Elemente vs. allg.
    - ▪ Jeder einen Becher vs. ein Becher
  - o Jährliche Feier vs. wöchentliches A.mahl
  - o Familie vs. Gemeinschaft
  - o Einsetzungsworte geben keinen Hinweis, nur Kontext
  - o Chronologie
    - ▪ Joh/Pls: Passion vor Passah (Jesus = Passahlamm)
    - ▪ Mk: Hinweise für Geschehen vor Passah
  - o Datierung auf Passah = Anpassung an liturg. Brauch
- Zeichen für Heilswirkung
- Bund (Jes 53)
- Kein Opfergedanke
- Mittelmeer-Raum: abendliches Symposion, erst im 3. Jh. Orientierung NT
- Von Anfang an gefeiert
- Eschatologische + soteriologische Deutung „für euch" (Pls Brotwort, Mk Kelchwort „für viele")
- → Sättigungsmahl → Agapemahl
- Einsetzungsworte
  - o 1. Kor 11 = älteste(?) Form der Einsetzungsworte (55 n.Chr.)
    - ▪ Missstände in Korinth! → Ordnung, „unwürdig"
  - o Lk (älteste?) = keine Passion, Abschied + Hoffnung
  - o Große Übereinstimmung → vorliegende Tradition
  - o Brotbrechen: Brot = hingegebener Leib
  - o Kelchwort: nicht neuer Bund, sondern Verheißung auf himmlische Mahlgemeinschaft

- Nicht das EINE Zeugnis aus dem NT, verschiedene Traditionen
- Erinnerung an Jesu' Mahle, dann Verknüpfung mit Passion
- Nicht erst nicht-sakrale Mahle
- Gemeinschaft mit erhöhtem Herrn
- Nicht mehrere Mahltypen nebeneinander
- Einsetzungsworte kein fester Bestandteil der Liturgie
- EW = Herkunft und Bedeutung
- Liturgische Gestaltung im Hintergrund
- Verschiedene Deutungen → Theologiegeschichte
- Schnell ausgebreitet
- Einsetzungsworte erst seit 2. Jh. im Zentrum
- An Taufe gebunden (Didache)
- Zeichenhafte Festmähler, letztes A.mahl, A.mahl der Gemeinden = unterschiedlich bewertet

- Keine chronologische Darstellung
- Älteste Fassung strittig
- Bezug zu alttest. Traditionen
    o Passah
    o Opfermahlzeiten (Dtn 14)

Begriff (Löhr)
- „Abendmahl" nicht in den Quellen → Rückbezug auf letztes Mahl Jesu
- Pls = „Herrenmahl" → Jesus aus Gaszgeber und Urheber
- Lk = „Brotbrechen"
- Didache + Ign = „Eucharistie"
- Gelegentlich „Agape"
- Frühes Christentum
    o Keine einheitliche Bez. → kein Problem
    o Aber feste Bez. In frühen Quellen → bedeutsamer Ritus, Bestandteil Gemeindeleben
    o Keine Angabe zu Gestalt der Mahlfeier → verschiedene ? kann nicht gesagt werden
    o Unterschiedl. Bez. = unterschiedl. Bedeutung zugeschrieben
- „Eucharistia" als terminus technicus seit 2. Jh. → Didache
- Mysterion → Geheimnis (seit Origenes, Athanasius, Eusebius von Cäserea)
- Lat. Sacramentum als terminus technicus (seit Tertullian, Cyprian; auch für Taufe)
- „Koinonia"
- Seit 4. Jh. reflektiert
- Anamnesis = Gedächtnisaspekt
- Pln. Ausdruck kyriakon deipnon nicht verbreitet

Alte Kirche

Didache (80-100/150-180 → schwer zu datieren wegen Redaktion)

- Erste christl. Kirchenordnung
- Zweitgleich Ign und jüngere NT
- 7-10 Sakramentenliturgie
- Kein Bezug zu Tod Jesu oder letztes A.mahl
- Keine Einsetzungsworte
- Sakramentaler Charakter?
- Eher feierliches Agapemahl
- Buße als Voraussetzung
- Reihenfolge anders als in NT (erst Wein, dann Brot)
- Kasualpräsenz (Jesus gibt geistliche Speise) vgl. 1 Kor 11
- Frühestes Zeugnis der A.feier außerhalb der Bibel
- A. regulieren (z.B. Gebete), nicht einführen
- Nach Sättigungsmahl
- Fester Tag „Herrentag" (vgl. Apg)

- Fixierung Liturgie setzt ein
- 200 Jahre später Traditio Apostolica
- Didache weiterverarbeitet in anderen Ordnungen
- „Opfer" → Mahlhandlung, nicht Jesu Tod → Haltung steht im Fokus, Ehtik
- → verschiedene Begriffe in Gebrauch
- Gebete = Mahlverlauf → strittig in der Forschung
- Wollte nicht Liturgie regeln → Ablauf bekannt, will eher Wortlaut festhalten
- Zulassungsbedingung: getauft + heilig
- Parallelen zu Pls, Joh, Ign
- Vorausgesetzes Mahl gedeutet und gestaltet

- Keine ausgeprägten Lehrstreitigkeiten (erst 9./11. Jh.)
- Gegenwart Christi + Auswirkung der Speise auf Gläubige
- Apostolische Väter
  - o Eucharistie-Gebet (Didache, um 100)
  - o Agapefeier + E.
  - o Als Opfer bezeichnet erstmals
  - o Ignatius:
    - Zentrum des Godi, Symbol der Einheit, „Unsterblichkeitsmedizin", Kampf gegen Doketen (Scheinleib)
  - o „Gegengift gegen den Tod"
- Justin 100-165
  - o Erster fast vollständige Bericht über Ablauf + Bedeutung der Elemente
  - o Taufe + normaler Godi
  - o Friedensgruß, Gaben
  - o Gekürzte Einsetzungsworte
  - o Umwandlung der Teilnehmenden → körperlich + geistlich genährt
  - o Identität Blut/Fleisch=Trank/Brot (ohne Wandlung)
  - o Viele Reisen → hohe Relevanz/Allgemeingültigkeit
- Irenaeus 135-202
  - o Opfer
  - o Unsterblichkeit
  - o Logos-Christ formt Empfänger
- Apostolische Tradition (210-235) [Hochgebet]
  - o Hippolyt: Traditio Apostolica = Formular
    - Dankgebet, Heilsgeschichte, Einsetzungsworte, Gedächtnis
    - Erklärung für Neugetaufte
- Origenes 185-254
  - o Unterscheidung Wort und Element
  - o Blut Christi auch durch Wort empfangen
  - o Wortgeschehen heiligt Gaben
  - o Heiligung der Person
- → Verheißung des ewigen Lebens, nicht Sündenvergebung (da diese durch die Taufe gegeben ist)
- → Präsenz Christi angenommen, nicht näher bestimmt

- o Analogie zur Inkarnation (Irenäus, Origenes, Justin) ohne konsequente Interpretation, personalisierte Aktualpräsen z.B.: Christus als Geber des Heils im Zentrum
- o Konzeptionen der Realpräsenz: Christus als Gabe bzw. Gaben Christi
- Tertullian 150-220
  - o Christus stellt im Brot seinen Leib dar

- Veränderung 4. Jh. → Gemeinden wachsen → katechetische Unterweisung
- Unreflektierte Annahme einer geheimnisvollen Wandlung
  - o Von Ambrosius erstmals formuliert, dann nur wenig vertreten
- Cyrill von Jerusalem 313-386
  - o *Mystagogische Katechesen*
  - o Hl. Geist → Gaben werden geheiligt und verwandelt
  - o Geistliches Opfer
  - o Leibliche Gegenwart Christi, aber geistlich aufnehmen
- Gregor von Nyssa 340-394
  - o E. → Gemeinschaft mit Erlöser
  - o Gegengift gegen den Tod
  - o Wesensgleichheit Christus/Gott
  - o Versuch, Wandlung zu begreifen
  - o 385: durch Logos verwandelt
- Th. v. Mopsuestia 350-428
  - o Geistliche Speise
  - o Verbindung Taufe
  - o Himmlische Nahrung, durch Zeichen schon in dieser Welt
  - o Hl. Geist → Wandlung
  - o Teilhabe, Gedächtnis
- Ambrosius 339-397
  - o Ende 4. Jh.
  - o Leib auf Altar
  - o Worte Christi → Konsekration
  - o Als Medizin
  - o Nur Ähnlichkeit
  - o Wer E. nicht empfängt, keine Wirkung → gegen Origenes
- Augustin 354-430
  - o Unterscheidet Elemente von Wirkung, auch res und signum
  - o Sakrament + Kraft ist nicht sichtbare Speise
  - o Gemeindebauender Impuls
  - o Gegen Donatisten
- Dionysios
  - o Neuplaton. Phil.
  - o Nachahmung Heilsgeschehen
  - o Liturgische Nachwirkungen
- Frömmigkeit
  - o Hochschätzung und Scheu
  - o Zaubermittel

- o Angst etwas zu verschütten: Tertullian, Origenes
- o Vor 4.Jh. täglich in Rom, Ägypten, mehrmals tgl.
- Frage der Identität (Distanz zu ersten Zeugen)
- Vorsitz der Feier hat Episkope
- Osten: Wandlungsvorstellung
- Westen: spielt keine Rolle, erst Ambrosius, dann Scholastik
- Opfervorstellung (in Bezug auf AT) → Didache, Ignatius, Justin
- o Anamnese, Darbringung von Gaben (Mal 1,11), Konkurrenz zu heidnischem Kult
- 2./3.Jh. A.tisch = Altar
- 4. Jh. Christus als einmaliges Opfer in der E. als Opfer gegenwärtig
- Ausgang der Antike = symbolisches Verständnis

Mittelalter

- Glaube an wunderwirkende Kraft
- Karolingische Renaissance → Wiederbelebung theol. Reflexion
- Ausgangspunkt: Augustin
- Zeichencharakter/Präsenz Christi oder Wandlung (Ambrosius)
- 1. Abendmahlsstreit
  - o Radbertus und Ratramus von Corbie (Mönche)
    - 844/5
    - Realität der Gegenwart Christi bzw. Identität
    - Kein öffentlicher Streit
    - Radbertus: Realpräsenz (Ambrosius), Realität Wandlung aber Symbol liturg. Vollzug+einzelne Elemente, Sündentilgung, heilsnotwendig, mysterium → Protest dagegen, weit verbreitet
    - Ratramus: Symbolismus (Augustin), Christus in figura anwesend, geistliche Wandlung, von König Karl beauftragt, nur in einer Handschrift überliefert
    - Nur Nuancen, Ohne Ergebnis
- Geistliche Präsenz setzt sich durch, visuelle Frömmigkeit
- 2. Abendmahlsstreit
  - o 11. Jh.
  - o Berengar v. Tours und Lanfranc v. Canterbury
    - Dynamisch-symbolisch (Augustin), keine Wandlung vs. Wandlungsvorstellung
    - Berengar: metaphorisch, Existenz der Elemente nicht beendet
    - Synode 1059 Berengar zu Bekenntnis der RP gezwungen
    - Aristotelische Begriffe eingeführt
    - Transsubstantiationslehre → Frömmigkeit gegenüber Hostien (Kniebeugen etc.)
- Herrenleib gegenwärtig, aber nicht identisch mit himmlischen Christus
- Akzent auf Opfer (Jesus und Gemeinde/Kirche) im Priester verkörpert
- IV. Laterankonzil 1215
  - o Transsubstantiation
  - o Kommunion wenigstens Ostern (es wurde nur an Hauptfesten E. gehalten)
  - o Mind. 1x pro Jahr A.besuch

- o Innozenz II.
- o Betonung liegt auf Priester (nur er darf vollziehen)
- o Messopfer und T.lehre nur am Rande thematisiert
- o Christus = Priester und Opfer
- o Realpräsenz!
- Votivmessen, Privatmessen
- Sündentilgende Wirkung
- Heilskontakt durch Anschauen
- Augustin: „glaube und du hast gegessen"
- Früh-MA → Allegorische Erklärung
- o Amalarius von Metz (gest. 850)
- Spät-MA → Passion, Leidensbetrachtung, geistliches Selbstopfer
- Messe verband Himmel und Erde für das Volk
- Volk wohnt nur bei → abergläubisches Zerrbild entsteht
- Fränkisch-germanische Einflüsse:
- o 8. Jh. Liturg. Bücher
- o Konzentration auf Klerus
- o Räumliche Trennung (Altarschranken)
- o Seit 9. Jh. Leise gesprochen
- o Germanischer Opfergedanke
- o Hostia statt oblata (seit 4. Jh. Anstelle von eucharistia)
- o Akzent auf Bitte und Sühne

- Wissenschaftlichkeit ist wichtig!
- Intensive Diskussionen 11./12. Jh.
- Augustin (Symbolismus) und Ambrosius (Realismus) wirken fort
- Seit 12. Jh. Eurachistietraktat der Scholastiker
- Substanzwandlung (Transsubstantiationslehre)
- IV. Laterankonzil 1215 = Zäsur durch Fixierung
- Ausführliche Dogmatisierung erst Konzil von Trient 1551/62
- Berengar kritisiert Wandlungslehre (1049-79)
- o Substanz bleibt unverändert, weil Eigenschaften fortbestehen (Akzidentien)
- o Symbolismus → Wandlung zum Sakrament (=Zeichen)
- o Kritisiert von Lanfranc
- o Verurteilt, zu Bekenntnis gezwungen (1079 röm. Synode)
- Frühscholastik
- o Weitgehender Konsens
- o Wissenschaftlichkeit stabilisiert kirchl. Lehrmeinung = positiv
- o Wandlung in 4 Modellen erklärt
- o Transsubstantiationslehre geht auf Hugo v. St. Viktor zurück
- o Seit 3. Jh. Opferhandlung, Vätertradition wird wiedergegeben
- o 13. Jh. Konkomitanzlehre (Christus in jedem Partikel)
- o Kelchverzicht der Laien (Sakramentenscheu, Angst zu verschütten → RP) = Aberglaube (Decretum Gratiani 12. Jh.) aber dann Versuch durch Konkomistanzlehre (ganz im Wein und Brot)zu begründen

- 14./15. Jh. Ontologische Probleme der Lehre
- 13./14. Jh.
  - o Kirchen = Ort des Heils
  - o Elevation (schon 11. Jh. ?)und Ausstellung (Monstranz/Tabernakel) der Hostie werden wichtig
  - o Seit 14. Jh. Sakramentsprozessionen
  - o Fronleichnam: (Papst Urban IV. 1264), erst im 14. Jh. Durchgesetzt
  - o Hostienwunder + Wallfahrten → Aberglaube gefördert
- Thomas v. Aquin
  - o Eigenschaften erhalten, Substanz ändert sich → Transsubstantiationslehre
  - o Höhepunkt der Sakramente
  - o Vs. aristotelisches Denken
  - o Übernatürlicher Vorgang
  - o Soteriologische Zentrierung, Gnadenbewegung
- Scharfe Polaritäten
  - o Äußerlich und theologisch/spirituell
- Hostien-Legenden
- Theologie der Via moderna/W. v. Ockham (1285-1347) → stellt in Frage
  - o Konsubstantiationslehre (daneben treten)
  - o Annihilation (Elemente nicht gewandelt sondern ersetzt)

Reformation

- Traditionsbruch
- Luther
  - o Sermon vom NT
  - o Vom A. Christi, Bekenntnis 1528 → letztes Wort im Streit
  - o De captivitate Babylonica
    - ▪ Nur Taufe und A. als Sakramente
  - o Forderung Laienkelch 1519
  - o Ref. Wende
  - o Prägt mit Bibelübers. Den Begriff vom A.
  - o Bestreitet Transsubstantiationslehre
  - o Katechismus
  - o Ordnet A. dem Wort unter
  - o Deutsche Messe 1526 mit A.mahl
  - o Luther kehrt vorerst zur lat. Ordnung und Elevation der Hostie zurück
- Keine Opfervorstellung (Konsens unter Reformatoren)
- Täufertum spaltet sich ab 1523-25 (Zürich)
- Frage der Realpräsenz
  - o Zwingli, Karlstadt, Bucer
  - o Seit 1524 A.Kontroversen
- „Epistola christiana" (von Bucer redigiert)
- Grundlagenkrise der Ref.

- Karlstadt, 1524, kein Gnadenwert
- Bugenhagen
    o Kritik an Zwingli
- 1526 – 1528 Meinungskampf (Luther vs. Zwingli) macht A.gemeinschaft unmöglich
- Linker Flügel = symbolische Auffassung
- Konkordienbemühungen seit 1534 Bucer, Philip von Hessen, Melchanthon
- Marburger Religionsgespräch
- Einigung unter polit. Druck (Schmalkaldischer Bund)
- Wittenberger Konkordie 1536 (ohne Schweiz)
    o Interpretationsspielraum
- Calvin
    o Maducatio oralis, Realpr., ubiquitäre Präsenz abgelehnt
    o Aber auch nicht Handeln der Gemeinde, sondern Christus (→ zwischen Luther und Zwingli)
- Reichspolit. Dauerproblem
- Konzil von Trient (1545-63) → Überarbeitung Messordo
    o Augsburger Interim: Regelung bis zum Ende des Konzils → Versuch Rekatholisierung
- **Abendmahlsstreit**
    o Vor 1525
    o Karlstadt 1524 Realpräsenz bestritten → Luther reagiert (RP vorher nicht wichtig)
    o Luther: Ubiquitätslehre, Einsetzungsworte im Mittelpunkt, Realpräsenz als versicherndes Zeichen der Verheißung, wörtliches Verständnis „dies ist mein Leib", „est" ≠ „significat" (Zwingli 1524)
    o Zwingli: 1523 Opfercharakter bestritten, aber RP stehen gelassen, aber dann: leibliche Himmelfahrt → kann nicht leiblich anwesend sein, gegenwärtig durch Glaube, Joh „Fleisch ist nichts nütze"
    o Seit 1525 Gedächtnismahl in Zürich

- **Marburger Religionsgespräch**
    o Oktober 1529
    o Bedeutendste Theologen der Ref. (außer Karlstadt und Schwärmer)
    o Einigung in A.frage für Bündnis gegen Kaiser → politische Relevanz
    o Luther vs. Zwingli
    o Luther geht es nicht um das Bündnis, sondern um die Wahrheit, Gehorsam gegenüber Kaiser, rückt nicht von RP ab
    o 14 gemeinsame Artikel
    o 15. Artikel Abendmahl:
        ▪ Ablehnung Transubstantiationslehre, Forderung Laienkelch
        ▪ Frage der Realpräsenz weiterhin strittig
- Augsburg 1530
    o Confessio Augustana
        ▪ Eint Luthertum
        ▪ Entwurf von Melanchthon
        ▪ Übereinstimmung mit Altgläubigen betont
        ▪ Artikel 10 Abendmahl: Gegenwart Christi offen für Kath., Ausschluss Zwingli
        ▪ Widerlegung durch Altgläubige (Confutatio)

12

- Oberdeutsche und Zwingli mit je eigenem Bekenntnis
- Wittenberger Konkordie 1536
    - o Bucer: Ausgleich zw. Wittenberg und Zürich (nach Zwinglis Tod 1531)
    - o Annäherung, Entgegenkommen Luthers gefördert
    - o Kompromissformeln (unio sacramentatlis/RP, manducatio indignorum/auch Ungläubige)
    - o → Ende Abendmahlsstreit in Dtl.
    - o Schweizer außen vor → Confessio Helvetica 1536

- Zweiter Abendmahlsstreit (1550er)
    - o Philippisten vs. Gnesiolutheraner / Lutheraner vs. Calvinisten
    - o Calvin nähert sich Zwingli an → Auslöser
    - o RP = Hauptgegenstand
    - o Konkordienformel 1577
        - ▪ Wdh. CA und Absage an Calvinismus
        - ▪ Verworfen werden Kelchentzug, T.lehre, Messopfer
        - ▪ Einigende Grundlage
- → Lehrdifferenzen bleiben bestehen, z.t. bis heute, aber Annäherungen

17./18. Jahrhundert

- Wittenberger Ref. → konstitutive Bedeutung für Theologie + Frömmigkeit
    - o Schöpferwort → Sorgfalt im Umgang, Missbrauch zu magischen Zwecken verhindern
    - o Konfessionelle Unterschiede verdeutlicht
- Schweiz. Ref.
    - o Basierend auf Augustin = äußeres Element/innere Bedeutung, Akt der Gemeinde
    - o rituelle Elemente konstitutiv
    - o an Termine gebunden (3-4 pro Jahr)
    - o Streit mit Lutheranern z.B. Krankenkommunion
- Annäherungen CH und Wittenberg
    - o Irenik, Formulierungsvorschläge
    - o Nur territorial erfolgreich
- Konstanten (luth.)
    - o Vor Empfang Beichte
    - o Brot und Wein
    - o Ordinierter Pfarrer
    - o Zustimmung zur luth. Lehre
    - o Kirchengemeinschaft, keine Kommunion in anderskonfessionellen Kirchen
    - o Ausschluss: Unbußfertigkeit
    - o Wein teilweise ersetzt durch landesübliches Getränk
- Mystischer Spiritualismus
    - o Vorbereitung auf Empfang
    - o Haltung = Kriterium
    - o N. Zinzendorf: Hochschätzung Blut des Gotteslamms (Herrnhuth), Vorwegnahme Parusie

- o Halleischer Pietismus: vgl. Luther, aber Stärkung der Heiligung + Erneuerung im Fokus
- Umbruch nach 1750
  - o 1700 Standesbewusstsein im Adel → Privatkommunion
  - o Ästhetisch-hygienische Bedenken Ende 18. Jh. → Einzelkelch
  - o Von der Gegenwart Christi unabhängig → Erinnerung an Bewährung Jesu im Leiden
    - ▪ Konfessionelle Schranken aufgehoben (auch nach 30jährigem Krieg)
  - o 1780-1810 Rückgang → Aufklärung, Auflösung der Bußinstitution
- Aufklärungstheologie → Aufhebung konfess. Untefschiede
- Radikaler Pietismus
  - o Abendmahl als Gedächtnismahl

19./20. Jahrhundert

- Kritik am Konfessionsbegriff (Aufklärung, Pietismus)
- Zunahme gemischt-konfessioneller Länder
- Kirchenunionen luth.+reform. → Kirchentrennung überwinden
  - o Preußen (1817), Nassau und weitere
  - o Agendenstreit: über Liturgie → schließlich Provinzialagenden erlaubt
  - o Rückbildung der Union, konfessionelles Bewusstsein
  - o Versuch eines Unionsbekenntnisses 1846 (Preußen) misslingt
  - o Keine vollständige Durchführung der Union
  - o Abendmahl = kirchentrennend, t.w. Rekonfessionialisierung
- Auseinandersetzungen in der ersten Hälfte 19. Jh.
- Veränderte rechtliche und soziale Lage
- Konfessionalismus: konfessionelle Unterschiede betont
- J. G. Herder
  - o Lutherische A.lehre
- Badische Unionsakte 1821
  - o Gemeinsame Feier
- Fragen der Liturgie im Vordergrund
- Agendenstreit nach 1822
- Generalsynode 1846 Gnadenmittel → gem. Lehrverständnis
- Unierte → ← luth. Kirche → kirchenpolit. Problem
- Recht bleibt gleich
  - o Ordinierter Pfarrer, Getaufte
- Unierte Kirche
  - o F. Schleiermacher: „Stärkung des geistlichen Lebens"
  - o M. Kähler
  - o Neuluthertum
  - o Abwertung der Predigt, Heilswirkung A.
- 2. Hälfte 19. Jh. Interesse geringer
  - o Spiritualistische Tendenzen

- Staat und Kirche trennen sich → Kirche besinnt sich auf ihre Grundlagen
- Ökumene
- Institutionalisiere Behandlung
- Wandel der Frömmigkeit
- Interne Angelegenheit der Kirche (vorher in Unionen = Staat)
- Öffentliche Relevanz
- Ökumen. Bewegung → deckt Uneinigkeiten auf
- Konferenz in Lausanne (1927)
- Lima-Erklärung (1982)
- Offene Kommunion möglich (Protestantische Kirchen)
- A.gespräche 20. Jh. → religionsgesch. Forschung, liturgische Bewegung
- Lutherrenaissance → Wiederentdeckung ref. Sakramentslehre, aktuelle Bedeutung histor. Kontroversen
- Theol. Selbstbesinnung: Bekenntnissynode Halle (1937), EKD ab 1947
- Ergebnis: Arnoldshainer A.thesen (1957/61) → Real-/Spiritualpräsenz
- II. Vaticanum (1962-65): Öffnung der kath. Kirche
- Ev.-kath.
  - o Streitfragen: Opferverständnis, Präsenz Christi
- Verständnis von Alter Kirche her
- Rechtliche Konsequenzen nur seitens ev. Kirche
- Gemeinschaftsaspekt, Kinder
- Liturgische Vielfalt
- EKD
  - o Gegr. 1948
  - o Luth. + reform. + uniert
  - o Abendmahlsgemeinschaft
  - o Keine 100% Übereinstimmung bzgl. A.mahl, Zulassung
- Arnoldshainer Thesen 1957 (uniert, reform., uth.)
  - o Ziel: Übereinstimmung in wesentlichen Fragen, A.verständnis, Bibelgerecht
  - o 19 Theologen (z.B. Käsemann, Iwand), 8 Thesen
  - o Errreichten nicht ihren Zweck → erst 1973 in Leuenberger Konkordie aufgenommen (Grundgedanken)
  - o Arnoldshainer Konferenz 1967
  - o 1958 von EKD Rat angenommen → Weg geebnet
  - o Kontroversen des 16. Jh. aufgenommen
  - o RP, Manducartion oralis, manducatio impiorum als Streitpunkte
  - o Kirchenkampf → Zusammenschluss
  - o Kritik und Diskussion
  - o Lehrkonsens, aber nicht alle Unterschiede aufheben
  - o These 4 zentral
- Leuenberger Konkordie 1973 (gilt seit 1974)
  - o Luth. + uniert + ref. + Waldenser + Böhm. = Kirchengemeinschaft, nicht -vereinigung
  - o Einigungsbemühung seit Pietismus/Aufklärung
  - o Ausgangspunkt: Lehrgespräche seit 1945
  - o 3 Hauptkontroversen
    - ▪ A.mahl, Christologie, Prädestination

- o   49 Artikel
- o   Gemeinsame Aussagen
- o   Lehrunterschiede nicht mehr kirchentrennend
- o   Zustimmung fast aller Kirchen Europas
- o   Pendant zu Vat II
- o   In Grundordnung der EKD seit 1983
- o   Kontinuierliche Lehrgespräche/Vollversammlungen
- o   Ökum. Bewusstsein
- o   Prozess des Zusammenachsens eingeleitet
- weitere Ökumene bzgl. A.mahl
- o   Methodisten
- o   Altkatholiken
- o   Seit 1964 Gespräche mit Anglikan., Meißener Erklärung 1991, A.gemeinschaft
- Fragen zur Weise der Gegenwart Christi, Gaben zum Heil bzw. Gericht
- Orientiert an Wittenberger Konkordie
- Heute: Sakrament der Einheit bei Evang.

Löhr

- → Vielfalt des A.mahl heute und damals
- → „Fest der Bedeutungen"
- → Geschichte von Bedeutungen
- → Nicht abgeschlossen
- → Reichtum des Sakraments
- → Ausschluss von Personen = Skandal
- → Aber Bemühung um das eine Verständnis umsonst! Wird es nicht geben

Quellen

- RGG
- Der hist. Jesus, Theißen
- U rsprung und Gestalten der frühchristlichen Mahlfeier, Kollmann
- KG in D. seit der Ref., Wallmann
- Abendmahl, Löhr
- Lehrbuch KG, Hauschild
- Theol. Bedeutung, Pöhler (pdf)

http://www.paulus-briefe.de/abendmahl_a.html